DESPOESIA

COLEÇÃO SIGNOS

dirigida
por
Augusto de Campos

Capa, projeto e execução gráfica

Augusto de Campos

Produção

J. Guinsburg, editor
Ricardo W. Neves
Sergio Kon

DESPOESIA

augusto de campos

PERSPECTIVA

ANOS

CIP-Brasil. Catalogação-na-Fonte
Sindicato Nacional dos Editores de Livros, RJ

C21d
Campos, Augusto de, 1931-
Despoesia / Augusto de Campos. – 2. ed. revista – São Paulo : Perspectiva, 2016.
144 p. ; 23 cm. (Signos ; 17)

ISBN 978-85-273-1032-1

1. Poesia brasileira. I. Título. II. Série.

16-30792 CDD: 869.91
CDU: 821.134.3(81)-1

29/02/2016 29/02/2016

2ª edição revista

Fone/fax: (11) 3885-8388
01401-000 São Paulo SP
Brasil

2016

S U M Á R I O

EXPOEMAS

INTRADUÇÕES

PROFILOGRAMAS

roland (1980)
joão/agrestes (1985)
fiaminghi (1985)
sacilotto (1986)
geraldo (1986)
cordeiro (1993)
fejer (1993)
dp (1987)
haroldo (1989)
ly (1990)

DESPOEMAS

poema bomba (1987)
nãomevendo (1988)
poesia (1988)
caça (1989)
pós-soneto ((1990/1991)
coisa (1983/1988)
tvgrama I (tombeau de mallarmé) (1988)
tvgrama II (antennæ of the race) (1979/1993)
walfischesnachtgesang (cançãonoturnadabaleia) (1990)
unreadymade (1991)
viv (1992)
espelho (1993)
omesmosom (1989/1992)
desgrafite (1992)
bio (1993)
níngua (1993)
minuto (1994)
brinde (1990/1991)

EXPOEMAS

limite (1980)

DO LIMITE QUE ME LIMITA

MEU OLHO ILUZ

CORPOR

UM GRITO QUE NÃO GRITA

AMOR

A ALMA INDIZ

AO INFINITO QUE INFINITA

todos os sons (1979)

todos os SINS todos
os NÃOS todos os
RUINS todos os BONS
ruídos silêncios palavrões JOÃO
CAGE ANTON WEBERN DEUS
putas poetas CONCRETOS MÃES
almas bocetas caralhos CORAÇÕES
TODOS os sons todos
os sons TODOS os
sons TODOS os sons

COR(EM(COME(CA(MINHA)BEÇA)ÇA)MEU)AÇÃO

coração

CABE(EM(NÃO(COR(MEU)AÇÃO)CABE)MINHA)ÇA

cabeça (1980)

pessoa (1981)

um

som

que

não

sou

no

ar

que

não

é

quu

se

se

pes

sou

pó do cosmos (1981)

céu

o vasto

só sob

luz

em milhões

um

o homem

do cosmos

pó

viventes e vampiros (1982)

VIVENTES E VAMPIROS

A SUG AR

ATÉ O ÚLTIMO SUSPIRO

A VIDA VIRUS

A SANGR AR

POETAS E PAPIROS

afazer (1982)

EXCESS
ODEEXS
ER POE
SIA AF
AZERDE
AFASIA

dizer (1983)

D E S A
P A R E
S E R

C R I A R
S E M
C R E R

Q U A N T O M A I S
P O E T A M E N O S
D I Z E R

sos (1983)

ego

eu

я

ich

io

je

yo

I

sós

sem

que

sol

pós

faremos

sem

que

mãe

após

nós

sem

anoitece

?

pai

na

noite

vagaremos

voz

sos

silencio

sem

sos

inestante (1983)

o s l l l l l l i v r o s l l l l l e s t ã o l l l l l d e l l l l l p é l l l l l n a l l l l l e s

a l l l l l l v i d a l l l l l c a d a l l l l v e z l l l m a i s l l l l l l l l l l l l l l d i s

m o r r e r l l l l l l l l l l l j á l l l l l l l l l n ã o l l l l l l l l l é l l l l l l l l b a s

e s c r e v e r l l l l l l l l l é l l l l l l q u a s e l l l l l l t ã o l l l l l l d e s g a s

e s t e l l l l l l i n s t a n t e l l l l l l j á l l l l l l é l l l l l o u t r o l l l l l l i n s

v i v a m l l l l l l o s l l l l l l v i v o s l l l l l l c o m l l l l l l o l l l l l l r e s

o s l l l l l l i v r o s l l l l l e s t ã o l l l l l d e l l l l l p é l l l l l n a l l l l l e s

2ª via (1984)

poetas

chega de poesia

aos deuses ambrosia

a nós 2ª via

só cabe homens-sanduíche

anunciar o que avisam

a vida é kitsch

e eles não bisam

anticéu (1984)

cego do falso brilho
das estrelas que escondem
absurdos mundos mudos
mergulho no anticéu
brancas no branco brilham
ex estrelas em braille
palavras sem palavras
na pele do papel

QUIS
MUDAR TUDO
MUDEI TUDO
AGORAPÓSTUDO
EXTUDO
MUDO

INTRADUÇÕES

a esphinge (emerson) (1979)

a velha esphinge morde o lábio
e diz: quem te me fez nomear?
sou tua imagem, alma algêmea,
a luz a olhar do teu olhar.

toda resposta é uma mentira.
sempre a pergunta repergunta.
teu próprio olho que em mim mira
és a pergunta sem resposta.

nuvem-espelho para sinisgalli (1981)

VMA NVVEM UNA NUBE

DI CORVI DE CORVOS

DO MEV CÉV DAL MIO CIELO

S'È POSATA POVSA

QVANDO ANOITECE STASERA

NEL TUO SPECCHIO EM TEV ESPELHO

chuva oblíqua de maiakóvski (1982)
(perfil de maiakóvski – a. ródtchenko)

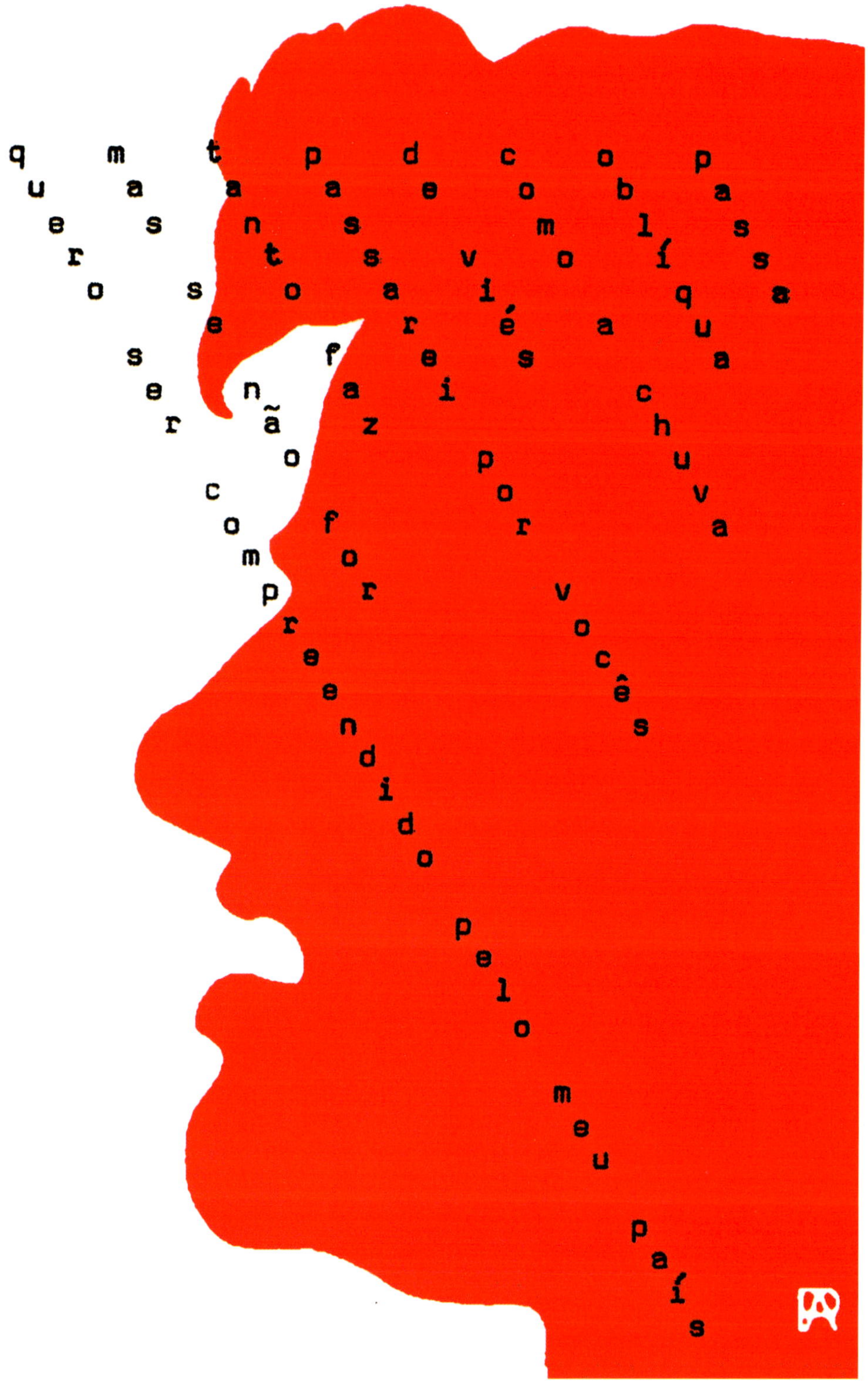
quero ser compreendido pelo meu país
mas se não for
tanto faz
passarei por vocês
de viés
como a chuva
oblíqua
passa

renovar (confúcio/pound) (1983)

新
日
日
新

RENOVAR
DIA SOL
A
SOL DIA
RENOVAR

so l(a (cummings) (1984)

so

(l
f
o

l)l

(ha
e
ai)

itude

l(a

le
af
fa

ll

s)
one
l

iness

borboleta-pó de khliébnikov (1985)

só   borboleta   em voo cego
na cela do viver   apenas lego
as letras do meu pó no vidro austero
para a assinatura do prisioneiro
nas janelas severas do destino

amorse (josé assunción silva) (1985)

a t r a v e s s

— —   — — —   • — •   • —   — —   — — —   • — •   • —

o u o e s p a ç

— —   — — —   • — •   • —   — —   — — —   • — •   • —

o u m e s c o n

— —   — — —   • — •   • —   — —   — — —   • — •   • —

d i d o t e l e

— —   — — —   • — •   • —   — —   — — —   • — •   • —

g r a m a d e a

— —   — — —   • — •   • —   — —   — — —   • — •   • —

m o r n u m f i

— —   — — —   • — •   • —   — —   — — —   • — •   • —

o d e a r a m e

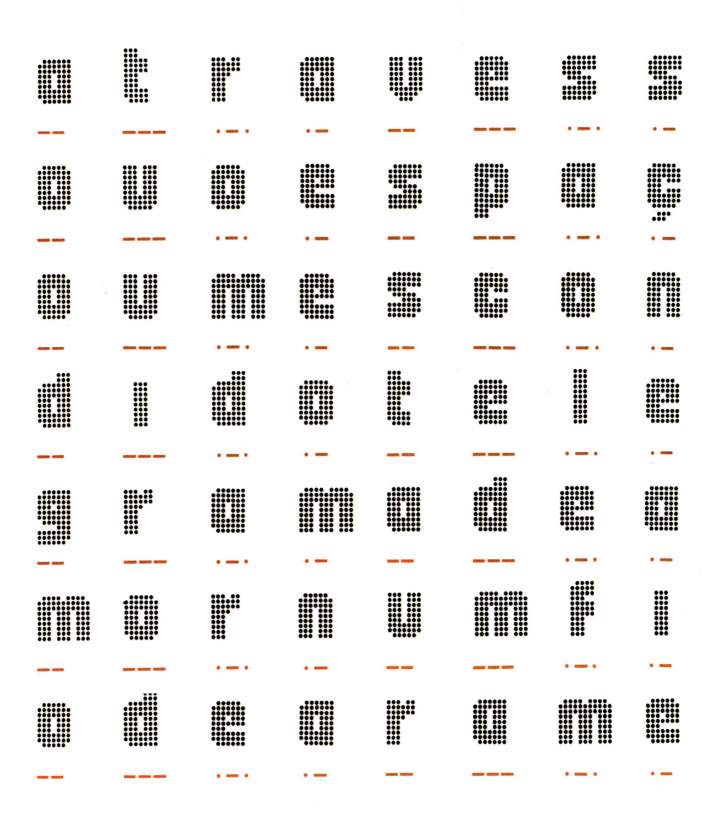

— —   — — —   • — •   • —   — —   — — —   • — •   • —

amarylis (virgilio) (1988)

Títyro, tu, deitado sob o teto amplo da faia
Te exercitas na música silvestre em suave avena.
Nós deixamos os confins da pátria e a dúlcida relva,
Nós fugimos à pátria. Tu, Títyro, à sombra, indolente,
Ensinas docemente a selva a ressoar: Amarylis.

rosa para gertrude (1988)

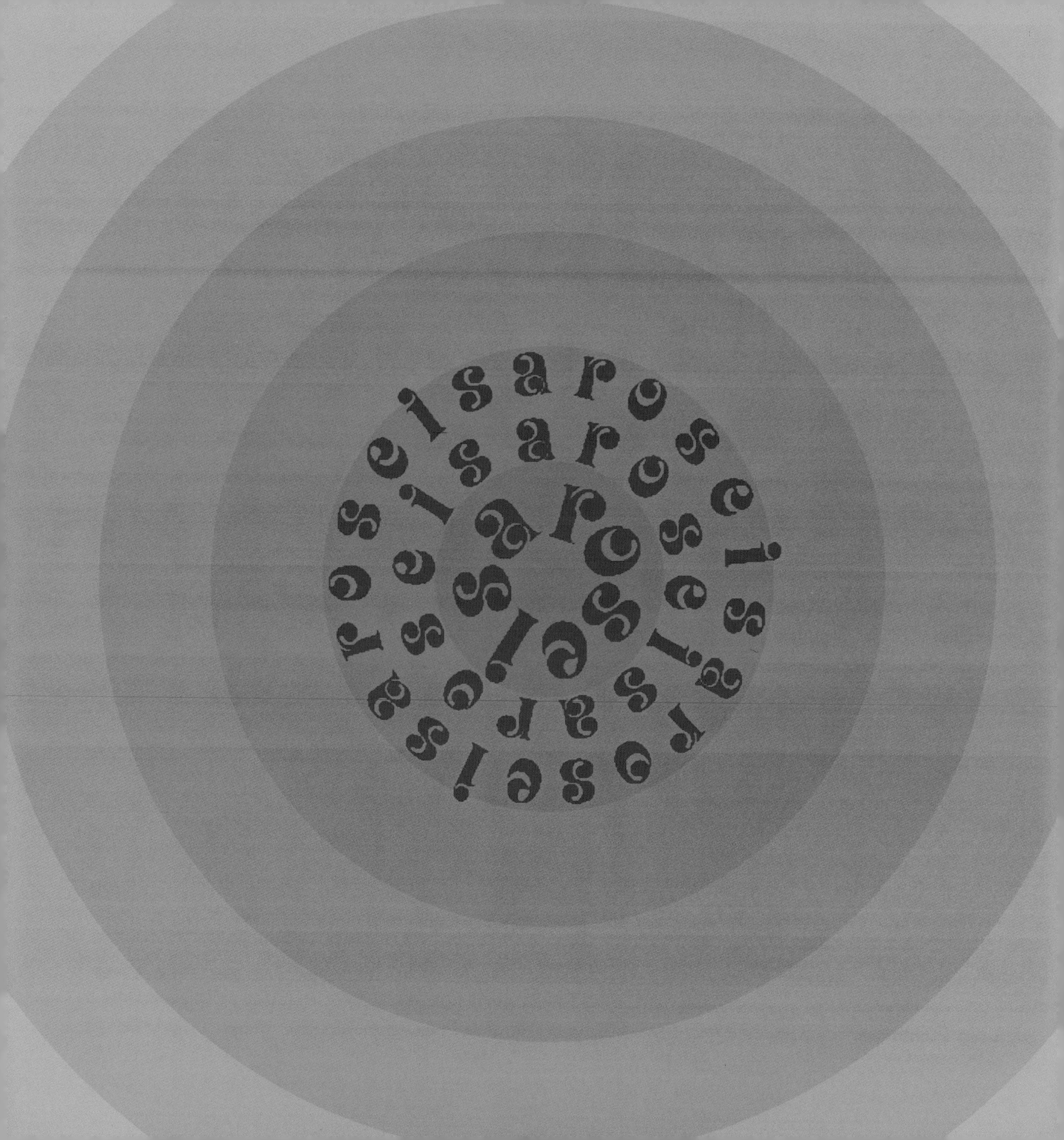
rose is a rose is a rose is a rose

lunograma (musset) (1972/1991)

era na noite nua

só sobre a torre ali

a lua

um ponto sobre um

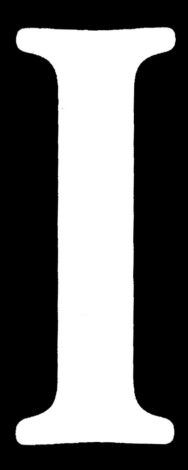

i

pseudopapiros (safo) (1973/1992)

ΠΣΕΥΔΟΠΑΠΥΡΟΣ

I

]ε κορασαο
]δευερας
]σπερο

]αντε δε μιμ
]μ σιντιλαντε
β]ελο ροστο

α[παρεσενδο
]μορ

II

...μελ[οδι]οσα
γαργαντα

...α μελουσς...
...[καν]τα

ρουξινοις εμ χορ[ο]

...γοτας δε ορυαλ...

Σαπφω

o som (mandelstam) (1992)

o
som
seco
e
surdo
desta

fruta
cain
do

no
mur
múr
io
sem
fim
do

oco
silêncio
da flor
esta

transcorvo de poe (1992)

mas
o corvo
sem um som
surdo e só
insone e só no
pálido busto de Palas
curvo
no seu posto jaz
e o seu olhar é tão turvo
como o sonho de um demônio
e a lâmpada desdobra
sua sombra
em meus umbrais
e minha alma
dessa sombra
que soçobra
em meus umbrais
não se recobra
nunca mais

pó de tudo (scelsi) (1993)

ao

nível

do

silêncio

o

pó

de

tu

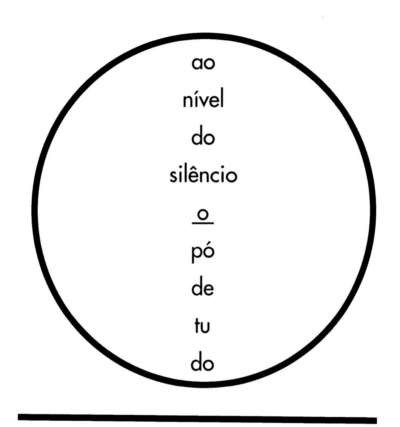

do

flauta desvértebra (maiakóvski) (1990/1993)

eu quero um só veneno beber, beber versos

dourem ao sol, flores e fenos! forças da vida, primaverem–se!

coloram de festa este dia

cria, magia, uma cruz igual ao fel

vejam

com os cravos das palavras

eis– me
cruci fixado
...... no papel

tu que me roubaste o coração

despojando–o de tudo

e martirizaste minha alma em coma

recebe esta oferenda talvez o meu último poema

sol de maiakóvski (1982/1993)

brilhar pra sempre

brilhar como um farol

brilhar com brilho eterno

gente é pra brilhar

que tudo mais

vá pro inferno

este

é o meu slogan

e o do sol

PROFILOGRAMAS

roland (1980)

de "soluções lagrangianas do problema de 3 corpos
com forças proporcionais a $1/r^p$"
(tese de mestrado em Física de Roland de Azeredo Campos – 1979)

perfil de Roland: artista de rua de Copacabana (1979)

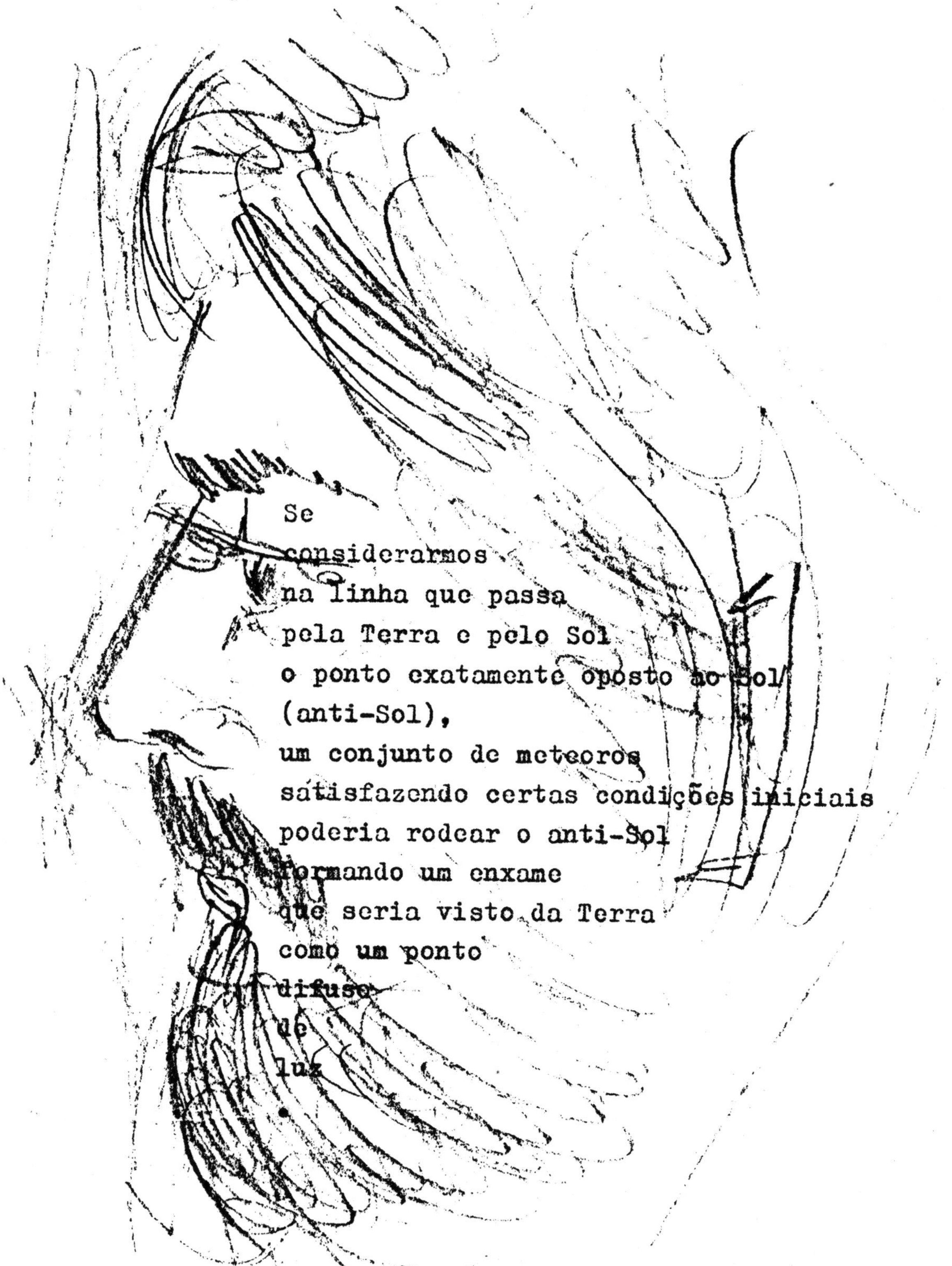

Se
considerarmos
na linha que passa
pela Terra e pelo Sol
o ponto exatamente oposto ao Sol
(anti-Sol),
um conjunto de meteoros
satisfazendo certas condições iniciais
poderia rodear o anti-Sol
formando um enxame
que seria visto da Terra
como um ponto
difuso
de
luz

joão/agrestes (1985)

uma	fala	tão	faca
fratura	tão	ex	posta
tão	ácida	tão	aço
osso	tão	osso	só
que eu	procuro	e não	acho
o ad	verso	do que	faço
o	concreto	é o	outro
e	não	encontro	nem
palavras	para	o	abraço
senão	as	do	aprendiz
o	menos	ante o	sem
que	só aqui	contra	diz
nunca	houve	u m	leitor
contra	mais	a	favor

fiaminghi (1985)

D E S A F I A A C R A F I A A L U Z
O R A F I A A L U D E S A F I A A L
Z D E S A F I A A U Z A F I A A C O
L U Z A F I A A C R D E S A F I A A
O R D E S A F I A C O R A F I A A L
A C O R A F I A A U Z D E S A F I A

L U Z D E S A F I A L U Z A F I A A
A A L U Z A F I A C O R D E S A F I
A C O R D E S A F A A C O R A F I A
I A A C O R A F I A L U Z D E S A F
A A L U Z D E S A I A A L U Z A F I
F I A A L U Z A F A A C O R D E S A

I A A C O R D E S F I A A C O R A F
A F I A A C O R A I A A L U Z D E S
F I A A L U Z D E A F I A A L U Z A
S A F I A A L U Z F I A A C O R D E
A F I A A C O R D S A F I A A C O R
E S A F I A A C O F I A M I N G H I

sacilotto (1986)

SA IN EM
CI TA SO
LO CO LD
TT MO AA
OP QU ÇO

MU DO DA
IT OP DE
OA NA 50
NT DÉ QU
ES CA AN

DO PI BA
VA NT SS
SA AV AC
RE AA IL
LY ME OT

TO AO ER
DE OP ÁR
SC UM IO
OB OP AN
RI OP TI

OP AN OD
OR AS OE
TU CI FE
NI DO IT
ST NÃ OM

AS NU NE
DO CO CE
OB NC SS
JE RE ÁR
TO TO IO

geraldo (1986)

G E R A L D O
S Q C R I A Q U A
U E S Ã S E Q U A D R
O Q U A S E A D O S Q U E
C U B O S D E U S Ã O Q U A S
M J O G O D E L O S A N G
E D A D O S Q U E S Ã
O S O Q U A S E H
E X Á G O N O

Q U E S Ã O Q
S E U A S E C U B
J O G O O S Q U E S Ã
D E D A D O O Q U A S E H
S D O S Q U A D E X Á G O N O
R O S D O G S Q U E S Ã O
E R A L Q U A S E L O
D O S A N G O S Q
U E S Ã O E S

cordeiro (1993)

IRO DIS SE)

RDE

OCO

(CO MPO NTE

NTO

ASU DEC ÚDO

.

ADA

DAM HEG NÃO

RTI ÉUM

EPA PON

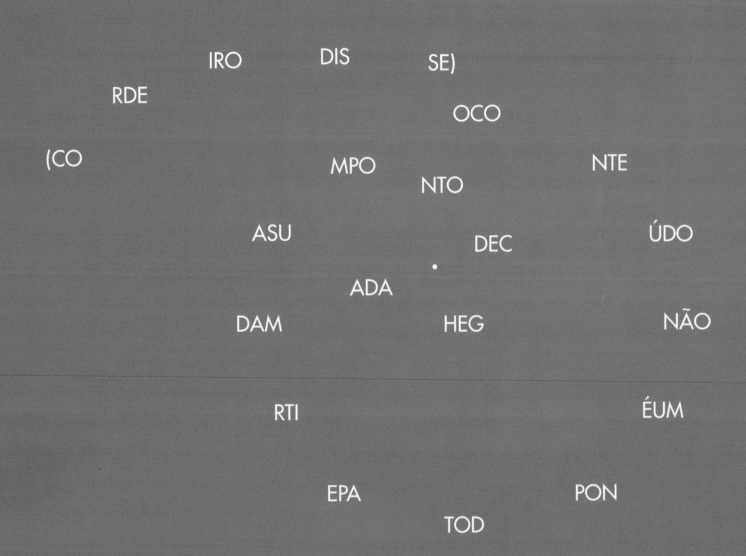

TOD

fejer (1993)

FEJER　　　SPRET　　　CURAV
CHEGA　　　ASDEQ　　　AAF●R
VAC●M　　　UÍMIC　　　MULAD
ASMÃ●　　　●(PR●　　　●●UR●
INDUS　　　IVER)　　　●MPUN
TRIAL　　　EMPLE　　　HASUA
PARAS　　　XIGLÁ　　　SMINI
●BREV　　　SELEC　　　ESCUL
TURAS　　　LABIR　　　RANSP
C●LMÉ　　　INT●S　　　ARENT
IASDE　　　DELÂM　　　ESQUE
CUB●S　　　INAST　　　MAISA
DIANT　　　C●NST　　　IASE●
EDESM　　　RUIR●　　　UTR●S
●NTAV　　　UTRAS　　　LABIR
APARA　　　C●LMÉ　　　INT●S

dp (1987)

a geléia geral
que te deve até o nome
não engoliu o teu
décio pignatari
medula e osso
não emparedaram
teu coração carbonário
capaz de pedra
e pedrada
de avanço e de avesso
de pensar o impensável
ler o ilisível
signar o insignável
de quebrar a cara
e pedir perdão
oswald pound dante
vão compondo
um pouco
o teu perfil cortante
de mallarmé calabrês
que acaso osasco
lançou nos dados
para um lance de três
e no entanto
e no entanto
ninguém tanto
quis vida
como o teu
quimorte
LIFE organismo hombre
o bioamor de ser
humano
sem chorar ou vender
tó pra vocês
para per por
os teus 60
e com ternura
a minha mão
de irmão
mano

haroldo (1989)

o

g
ar

gal
har
b

ar
roco
quer
se

sol
t
ar
par
a

bril
har
no
ar
co
i

riso
sol
ar
do
har
ol
do

ly (19)

e u

e v

o c

e u

ma

s ó

p e

s s

o a

DESPOEMAS

poema bomba (1987)
(versão computadorizada, 1992)

"je ne connais pas d'autre bombe qu'un livre"(mallarmé)
"le poème est la seule bombe" (mallarmé via sartre)

nãomevendo (1988)

NÃOMEV
ENDONÃ
OSEVEN
DANÃOS
EVENDE

poesia (1988)

NÃOÉPHILA
TELIANÃOÉ
PHILANTRO
PIANÃOÉPH
ILOSOPHIA
NÃOÉEGOPH
ILIAÉSOME
NTEPOESIA

caça (1989)

aos
po
e
tas

é
fáci
l
ver

como
se
faz
a
farsa

sob
o
dis
(bis)

farce
de
crí
tica

marx
ista
re
nasce

a face
nazi
fasci
sta

da
polí
cia
polí

tica
e
re
come

ça
a
ca
ça

pós-soneto (1990/1991)

quand
oeu
sabia
fazer

poesia
ningu
emme
dizia

agoraq
ueeu
cansei

*dizem*q
ueeu
sei

coisa (1983/1988)

THIS FUNNY THING
coisa acaso i ching
lauzeta little wing
L'OLORS bernart CHE MOVE
O SOL CALA O SOL CHOVE
COLE DANTE jimi GUIDO ARNAUT
em que AUR' AER air ar talking about
IL SOLE qual a chave
o que for CALLED LOVE
CHIAMATO AMORE
dói
para que eu trove

tvgrama I (tombeau de mallarmé (1988)

a h t t t m a l l a r m é

t t t t t t t t t t t t t

a c a r n e é t r i s t e

t t t t t t t t t t t t t

e n i n g u é m t t e l ê

t t t t t t t t t t t t t

t u d o t t t e x i s t e

t t t t t t t t t t t t t

p r a a c a b a r e m t v

tvgrama II (antennæ of the race) (1979/1993)

SOBREASTVTELHASTVELHAS
TVTVTVTVTVTVTVTVTVTVTV
BERNARTVDETVENTADORNTV
TVTVTVTVTVTVTVTVTVTVTV
TVEMTVEZDETVCOTOVIASTV
TVTVTVTVTVTVTVTVTVTVTV
ENTREOUTVVIDASTVAPENAS
TVTVTVTVTVTVTVTVTVTVTV
ENTREVESTVENTRETVIDEOS
TVTVTVTVTVTVTVTVTVTVTV
BEMTEVISTVNASTVANTENAS

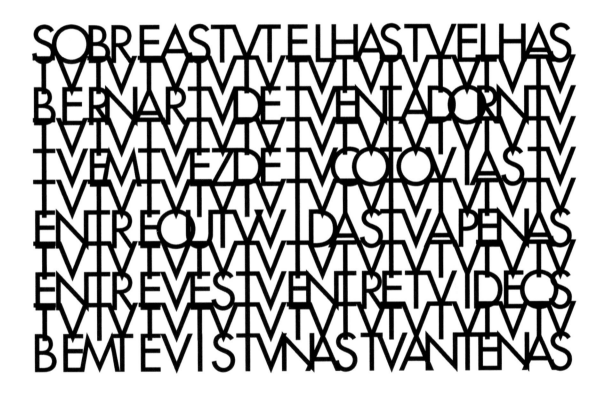

walfischesnachtgesang
cançãonoturnadabaleia

(1990)

a m m b r a n c u r a m m d o m m b r a n c o

m m m m m m m m m m m m m m m m m m m m m m m

a m m m n e g r u r a m m d o m m m n e g r o

m m m m m m m m m m m m m m m m m m m m m m m

r ó d t c h e n k o m m m m a l i é v i t c h

m m m m m m m m m m m m m m m m m m m m m m m

o m m m m m m m a r m m m m m m e s q u e c e

m m m m m m m m m m m m m m m m m m m m m m m

j o n a s m m m m m e m m m m m c o n h e c e

m m m m m m m m m m m m m m m m m m m m m m m

s ó m m m a h a b m m m n ã o m m m s o u b e

m m m m m m m m m m m m m m m m m m m m m m m

a m m n o i t e m m q u e m m e m m c o u b e

m m m m m m m m m m m m m m m m m m m m m m m

m m m m m m m m m m m m m m m a l v o r e c e

m m m m m m m m m m m m m m m m m m m m m m m

c a l l m m m m m m e m m m m m m m m m o b y

unreadymade (1991)

a língua está tonta

estátuas estuam

tatos tatuam

sóis suam

luas aluam

nuvens nuam

meus tuam

a poesia está pronta

viv (1992)

"viver é defender uma forma"
(hœlderlin via webern)

v i v
e r v i v
e n t e t e n
t a n d o v i v e
r s a b e n d o q u e
v a i m o r r e r t e n t
a n d o n ã o m o r r e r s a
b e n d o q u e v a i m o r r e r
s e m s a b e r q u a n d o t
e n t a n d o v i v e r t
e n t a n d o n ã o m
o r r e r s a b e
n d o q u e v
a i m o r
r e r

espelho (1993)

Q E S
P E L
H O M
E P E
R G U
N T A
Q U E
M S O
U E U
E L E
N Ã O
M E R
E G O
N H E
S E U

120/121

m e
o s
s m
o

omaggio a scelsi
(1989/1992)

m
e
s
m
o
s
o

desgrafite (1992)

VIVER

MORRER

SOFRER

bio (1993)

DARK DARK DARK
VAZIO
DO QUASAR AO QUARK

DESVÃO
OU DESVIO
DO OLHAR QUE
ME DESLEU
QUE BIO
SOU
EU
MICRO OU MACRO
CLOWN OU CLONE
SOMBRA
SIMULACRO
A SONHAR
INSONE

níngua (1993)

morre
poeta chinfrim
xinga
a langue língua do sim
gueto dos guetos
preto dos pretos
xinxim latim
chocho xixi
muxoxo coxo
atchim caím
do poeta à míngua
morre
e te vinga

go on
gonga
a fácil fala fluente
lenga lenga
cupim cetim
que te dói
e te deixa doente
como um dente
ou rim
ruim

sim
singra
até o sem
sangra
até o fim
songa
até o spin
para ninguém
gago g
orgulho impotente
do poeta
poente

linga
estilinga
deslíngua
des
mil
íngua

enfiteusa
ecfonema eczema
enfisema estilema apotegma
zeugma estigma enigma
catacumba tatua catinga
até que se entanga
até que se extinga
até que se
íngua

in
ne
nim
níngua

minuto (1994)

NU
M
MI
(VI
MI
NHA
VI
DA
IN
TE
I
RA
PA
SS
AR
CO
M
O
UM
FIL
ME)
NU
(DE
CI
NE
MA
MUD
O
RE
TR
O
CE
D
END
O
ATÉ
O
IN
FIN
I)
TO

brinde (1991)
"avec la doceur des idiots" (rimbaud)

reina calma em todo o país

tudo é geléia tudo é bis

só

meu coração-cicatriz

cansado de canções

renuncia

à

doce

idiotia

da

poesia

desnota

além da capa,
os poemas **lunograma**, **pseudopapiros**,
o som, **transcorvo**, **pó de tudo**,
flauta desvértebra, **sol de maiakóvski**,
cordeiro, **fejer**, **tvgrama II**,
unreadymade, **viv**, **espelho**,**bio,**
o mesmo som, **desgrafite**, **níngua**, **brinde**, **minuto**,
foram criados em um microcomputador macintosh.
lunograma , **pós-soneto** e **brinde**
contaram com artefinalização de
arnaldo antunes (e do acaso, no último caso).
outros **(pó do cosmos**, **inestante**, **anticéu**,
joão/agrestes,
fiaminghi, **sacilotto**, **geraldo**, **ly**,
caça, **cançãonoturnadabaleia)**
foram refinalizados no mesmo computador.
os demais foram escaneados
a partir dos originais (ou suas reproduções)
em letraset ou **(chuva oblíqua**
de maiakóvski, **roland**, **dp)** datiloscrito.
outros ainda (**anticéu**, **rosa para gertrude**)
misturam mais de uma técnica.
poema bomba aparece em imagem digital
extraída da versão animada em computador
(produzida numa estação silicon graphics 4D/480 VGH
no laboratório de sistemas integráveis
da escola politécnica da USP).

esta nova edição, publicada 22 anos após a primeira,
de 1994, contém todas as cores previstas originalmente para os poemas.
o letra-set do profilograma **haroldo** foi substituído por uma fonte digital
que o autor considerou mais apta a receber as sete cores do poema.

acabado de imprimir em 2016, há sessenta anos da
exposição nacional de poesia concreta
no museu de arte moderna de são paulo

OBRAS DE AUGUSTO DE CAMPOS

POESIA

O REI MENOS O REINO, São Paulo, edição do autor, 1951.
AD AUGUSTUM PER ANGUSTA e O SOL POR NATURAL, na revista-livro "Noigandres n° 1", 1952.
POETAMENOS (1953), 1ª edição na revista–livro"Noigandres" nª 2, 1955, São Paulo, edição dos autores (2ª edição, São Paulo, Edições Invenção, 1973).
ANTOLOGIA NOIGANDRES (com Décio Pignatari, Haroldo de Campos, Ronaldo Azeredo e José Lino Grünewald), São Paulo, edição dos autores, 1962.
LINGUAVIAGEM (cubepoem), limited edition of 100 copies, designed by Philip Steadman, Brighton, England, 1967, e na versão original, edição do autor, São Paulo, 1970.
EQUIVOCÁBULOS, São Paulo, Edições Invenção, 1970.
COLIDOUESCAPO, São Paulo, Edições Invenção, 1971; 2ª edição, São Paulo, Amauta, 2006.
POEMÓBILES (1968–74), poemas–objetos, em colaboração com Julio Plaza, São Paulo, edição dos autores, 1974; 2ª edição, São Paulo, Brasiliense, 1985; 3ª edição, Selo Demônio Negro/Annablume, 2010.
CAIXA PRETA, poemas e objetos–poemas em colaboração com Julio Plaza, São Paulo, edição dos autores, 1975.
VIVA VAIA (Poesia 1949–79), São Paulo, Duas Cidades, 1979; 2ª edição, São Paulo, Brasiliense, 1986. 3ª edição, revista e ampliada, Ateliê Editorial, 2001; 4ª edição, 2008.
EXPOEMAS (1980–85), serigrafias de Omar Guedes, São Paulo, Entretempo, 1985.
NÃO, poema–xerox, edição do autor, 1990.
POEMAS, antologia bilingüe, a cargo de Gonzalo M. Aguilar, Buenos Aires, Instituto de Literatura Hispanoamericana, 1994. 2a ed. ampliada, Buenos Aires, Gog y Magog Ediciones, 2012 e 2014.
DESPOESIA (1979-1993), São Paulo, Perspectiva, 1994.
POESIA É RISCO (CD-livro), antologia poético–musical, de O Rei Menos o Reino a Despoemas, em colaboração com Cid Campos, Rio de Janeiro, Polygram, 1995.

ANTHOLOGIE - DESPOESIA, préface et traduction par Jacques Donguy.,
Romainville, France, Éditions Al Dante, 2002.
NÃO, com o CD Clip-Poemas (animações digitais), São Paulo, Perspectiva, 2003; 2ª edição, 2008.
POÈTEMOINS anthologie, préface et traductions par Jacques Donguy.
Dijon, France, Les Presses du Réel, 2011
PROFILOGRAMAS, São Paulo, Perspectiva, 2011.
CIDADECITYCITÉ, em versão poema-objeto por Ana Lúcia Ribeiro, São Paulo, Editora Granada, 2014.
POETAMENOS, Buenos Aires, Gog y Magog, 2014.
OUTRO, São Paulo, Perspectiva, 2015.

ENSAIOS DIVERSOS

RE/VISÃO DE SOUSÂNDRADE (com Haroldo de Campos), São Paulo, Edições Invenção, 1964.
2ª edição, ampliada, São Paulo, Nova Fronteira, 1982.
3ª edição, ampliada, São Paulo, Perspectiva, 2002.
TEORIA DA POESIA CONCRETA (com D. Pignatari e H. de Campos). São Paulo,
Edições Invenção, 1965; 2ª edição, ampliada, São Paulo, Duas Cidades, 1975;
3ª edição, Brasiliense, 1987, 4ª edição, Ateliê Editorial, 2006).
SOUSÂNDRADE - POESIA (com H. de Campos), Rio de Janeiro, Agir, 1966; 3ª edição, revista, 1995.
BALANÇO DA BOSSA (com Brasil Rocha Brito, Julio Medaglia, Gilberto Mendes), São Paulo, Perspectiva, 1968
(2ª edição, ampliada: BALANÇO DA BOSSA E OUTRAS BOSSAS, 1974).
GUIMARÃES ROSA EM TRÊS DIMENSÕES (com H. de Campos e Pedro Xisto), São Paulo,
Comissão Estadual de Literatura, Secretaria da Cultura, 1970.
RE/VISÃO DE KILKERRY, São Paulo, Fundo Estadual de Cultura
Secretaria da Cultura, 1971 (2ª edição, ampliada, São Paulo, Brasiliense, 1985).
REVISTAS REVISTAS: OS ANTROPÓFAGOS, introdução à reedição facsimilar
da "Revista da Antropofagia", São Paulo, Abril/Metal Leve S.A., 1975.

REDUCHAMP, com iconogramas de Julio Plaza, São Paulo, Edições S.T.R.I.P., 1976.
Segunda edição: Selo Demônio Negro/Annablume, 2010.
POESIA ANTIPOESIA ANTROPOFAGIA, São Paulo, Cortez e Moraes, 1978.
POESIA ANTIPOESIA ANTROPOFAGIA & CIA.Nova edicão, revista e ampliada,
São Paulo, Companhia das Letras, 2015.
PAGU: VIDA-OBRA, São Paulo, Brasiliense, 1982. Nova edicão, revista
e ampliada, São Paulo, Companhia das Letras, 2014.
À MARGEM DA MARGEM, São Paulo, Companhia das Letras, 1989.
O ENIGMA ERNANI ROSAS, Florianópolis, Editora UEPG (Universidade Estadual de Ponta Grossa), 1996
OS SERTÕES DOS CAMPOS (com Haroldo de Campos), Rio de Janeiro, Sette Letras, 1997.
MÚSICA DE INVENÇÃO, São Paulo, Perspectiva, 1998.

TRADUÇÕES E ESTUDOS CRÍTICOS

DEZ POEMAS DE E.E. CUMMINGS, Rio de Janeiro, Serviço de Documentação–MEC, 1960.
CANTARES DE EZRA POUND (com D. Pignatari e H. de Campos),
Rio de Janeiro, Serviço de Documentação–MEC, 1960.
PANAROMA DO FINNEGANS WAKE (com H. de Campos), São Paulo, Comissão Estadual de Literatura,
Secretaria da Cultura, 1962; 2ª edição, ampliada, São Paulo, Perspectiva,1971.
3ª edição, ampliada, São Paulo, Perspectiva, 2001.
POEMAS DE MAIAKÓVSKI (com H. de Campos e Boris Schnaiderman),
Rio de Janeiro, Tempo Brasileiro, 1967
(2ª edição, ampliada, São Paulo, Perspectiva, 1982).
POESIA RUSSA MODERNA (com H. de Campos e B. Schnaiderman), Rio de Janeiro,
Civilização Brasileira, 1968; 2ª edição, ampliada, São Paulo,
Brasiliense, 1985. 3ª edição, ampliada, Perspectiva, 2001.
TRADUZIR E TROVAR (com H. de Campos), São Paulo, Papyrus, 1968.

ANTOLOGIA POÉTICA DE EZRA POUND (com D. Pignatari, H. de Campos,
J. L. Grünewald e Mário Faustino), Lisboa, Ulisséia, 1968.
ABC DA LITERATURA, de Ezra Pound (com José Paulo Paes), São Paulo, Cultrix, 1970.
MALLARMARGEM, Rio de Janeiro, Noa-Noa, 1971.
MALLARMÉ (com D. Pignatari e H. de Campos), São Paulo, Perspectiva, 1978.
O TYGRE, de William Blake, São Paulo, edição do autor, 1977.
JOHN DONNE, O DOM E A DANAÇÃO, Florianópolis, Noa-Noa, 1978.
VERSO REVERSO CONTROVERSO, São Paulo, Perspectiva, 1979.
20 POEM(A)S - E.E. CUMMINGS, Florianópolis, Noa-Noa, 1979.
MAIS PROVENÇAIS: RAIMBAUT E ARNAUT, Florianópolis, Noa-Noa, 1982
(2ª edição, ampliada, São Paulo, Companhia das Letras, 1987).
EZRA POUND - POESIA (com D. Pignatari, H. de Campos. J. L. Grünewald
e M. Faustino). Organização, introdução e notas de A. de Campos.
São Paulo, Hucitec/Universidade de Brasília, 1983-1993 (3 edlções).
PAUL VALÉRY: A SERPENTE E O PENSAR, São Paulo, Brasiliense, 1984.
São Paulo, Editora Ficções, 2011.
JOHN KEATS: ODE A UM ROUXINOL E ODE SOBRE UMA URNA GREGA,
Florianópolis, Noa-Noa, 1984.
JOHN CAGE: DE SEGUNDA A UM ANO, introdução e revisão
da tradução de Rogério Duprat,
São Paulo, Hucitec, 1985. Rio de Janeiro, Cobogó, 2014.
40 POEM(A)S - E.E. CUMMINGS, São Paulo, Brasiliense, 1986.
O ANTICRÍTICO, São Paulo, Companhia das Letras, 1986.
LINGUAVIAGEM, São Paulo, Companhia das Letras, 1987.

PORTA-RETRATOS: GERTRUDE STEIN, Florianópolis, Noa Noa, 1990.
HOPKINS: CRISTAL TERRÍVEL, Florianópolis, Noa Noa, 1991.
PRÉ-LUA E PÓS-LUA, São Paulo, Arte Pau Brasil, 1991
RIMBAUD LIVRE, São Paulo, Perspectiva, 1992.
IRMÃOS GERMANOS, Florianópolis, Noa Noa, 1993.
RILKE: POESIA-COISA, Rio de Janeiro, Imago, 1994.
HOPKINS: A BELEZA DIFÍCIL, São Paulo, Perspectiva, 1997.
MALLARMARGEM 2, Florianópolis, Noa–Noa, 1998.
POEM(A)S - E.E. CUMMINGS, Rio de Janeiro, Francisco Alves, 1999.
COISAS E ANJOS DE RILKE, São Paulo, Perspectiva. 2001, 2a ed. ampliada: 2013.
INVENÇÃO - De Arnaut e Raimbaut a Dante e Cavalcanti,São Paulo, Editora Arx, 2003.
POESIA DA RECUSA. São Paulo, Perspectiva, 2006.
QUASE-BORGES + 10 TRANSPOEMAS. São Paulo, Memorial da América Latina, 2006.
EMILY DICKINSON - NÃO SOU NINGUÉM, São Paulo, Editora da Unicamp, 2008.
Nova edicão, revista e ampliada, São Paulo, Editora da Unicamp, 2015.
AUGUST STRAMM: POEMAS-ESTALACTITES, São Paulo, Perspectiva 2008.
BYRON E KEATS: ENTREVERSOS, São Paulo, Editora da Unicamp, 2009
POÉTICA DE OS SERTÕES, São Paulo, Casa Guilherme de Almeida, 2010
POEM(A)S E. E. CUMMINGS (ed. revista e ampliada). São Paulo,
Editora da Unicamp, 2011.
QUASE BORGES - 20 TRANSPOEMAS E UMA ENTREVISTA, São Paulo,
Selo Musa Rara, Terracota Editora, 2013.
JAGUADARTE, de Lewis Carroll, São Paulo, Editora Nhambiquara, 2014.

COLEÇÃO SIGNOS
HAROLDIANA

1. PANAROMA DO FINNEGANS WAKE • James Joyce (Augusto e Haroldo de Campos, orgs.)
2. MALLARMÉ • Augusto e Haroldo de Campos e Décio Pignatari
3. PROSA DO OBSERVATÓRIO • Julio Cortázar (Trad. de Davi Arrigucci Júnior)
4. XADREZ DE ESTRELAS • Haroldo de Campos
5. KA • Velimir Khlébnikov (Trad. e notas de Aurora F. Bernardini)
6. VERSO, REVERSO, CONTROVERSO • Augusto de Campos
7. SIGNANTIA QUASI COELUM: SIGNÂNCIA QUASE CÉU • Haroldo de Campos
8. DOSTOIÉVSKI: PROSA POESIA • Boris Schnaiderman
9. DEUS E O DIABO NO FAUSTO DE GOETHE • Haroldo de Campos
10. MAIAKÓVSKI – POEMAS • Boris Schnaiderman, Augusto e Haroldo de Campos
11. OSSO A OSSO • Vasko Popa (Trad. e Notas de Aleksandar Jovanovic)
12. O VISTO E O IMAGINADO • Affonso Ávila
13. QOHÉLET/O-QUE-SABE – POEMA SAPIENCIAL • Haroldo de Campos
14. RIMBAUD LIVRE • Augusto de Campos
15. NADA FEITO NADA • Frederico Barbosa
16. BERE'SHITH – A CENA DA ORIGEM • Haroldo de Campos
17. Despoesia • Augusto de Campos
18. PRIMEIRO TEMPO • Régis Bonvicino
19. ORIKI ORIXÁ • Antonio Risério
20. HOPKINS: A BELEZA DIFÍCIL • Augusto de Campos
21. UM ENCENADOR DE SI MESMO: GERALD THOMAS • Silvia Fernandes e J. Guinsburg (orgs.)
22. TRÊS TRAGÉDIAS GREGAS • Guilherme de Almeida e Trajano Vieira
23. 2 OU + CORPOS NO MESMO ESPAÇO • Arnaldo Antunes
24. CRISANTEMPO • Haroldo de Campos
25. BISSEXTO SENTIDO • Carlos Ávila
26. OLHO-DE-CORVO • Yi Sáng (Yun Jung Im, org.)
27. A ESPREITA • Sebastião Uchôa Leite
28. A POESIA ÁRABE-ANDALUZA: IBN QUZMAN DE CÓRDOVA • Michel Sleiman
29. MURILO MENDES: ENSAIO CRÍTICO, ANTOLOGIA E CORRESPONDÊNCIA • Laís Corrêa de Araújo
30. COISAS E ANJOS DE RILKE • Augusto de Campos
31. ÉDIPO REI DE SÓFOCLES • Trajano Vieira

32. A LÓGICA DO ERRO • Affonso Ávila
33. POESIA RUSSA MODERNA • Augusto e Haroldo de Campos e B. Schnaiderman
34. REVISÃO DE SOUSÂNDRADE • Augusto e Haroldo de Campos
35. NÃO • Augusto de Campos
36. AS BACANTES DE EURÍPIDES • Trajano Vieira
37. FRACTA: ANTOLOGIA POÉTICA • Horácio Costa
38. ÉDEN: UM TRÍPTICO BÍBLICO • Haroldo de Campos
39. ALGO : PRETO • Jacques Roubad
40. FIGURAS METÁLICAS • Claudio Daniel
41. ÉDIPO EM COLONO DE SÓFOCLES • Trajano Vieira
42. POESIA DA RECUSA • Augusto de Campos
43. SOL SOBRE NUVENS • Josely Vianna Baptista
44. AUGUST STRAMM: POEMAS-ESTALACTITES • Augusto de Campos
45. CÉU ACIMA: UM TOMBEAU PARA HAROLDO DE CAMPOS • Leda Tenório Motta (org.)

COLEÇÃO SIGNOS

46. AGAMÊMNON DE ÉSQUILO • Trajano Vieira
47. ESCREVIVER • José Lino Grünewald (José Guilherme Correa, org.)
48. ENTREMILÊNIOS • Haroldo de Campos
49. ANTÍGONE DE SÓFOCLES • Trajano Vieira
50. GUENÁDI AIGUI: SILÊNCIO E CLAMOR • B. Scnhnaiderman e J. P. Ferreira (orgs.)
51. POETA POENTE • Affonso Ávila
52. LISÍSTRATA E TESMOFORIANTES • Trajano Vieira
53. HEINE, HEIN? POETA DOS CONTRÁRIOS • André Vallias
54. PROFILOGRAMAS • Augusto de Campos
55. OS PERSAS DE ÉSQUILO • Trajano Vieira
56. OUTRO • Augusto de Campos

Este livro foi impresso na cidade de São Paulo,
nas oficinas da Orgrafic Gráfica e Editora, em abril de 2016,
para a Editora Perspectiva.